교도집

지성.감성의 메타언어
조선문학사시인선.1030

교도집(交刀集)

박 진 환 제569집

조선문학사

시인의 말

　교도(交刀)란 가위의 이칭이다. 영어식으로는 재단(裁斷, cutting)에 해당된다.

　시란 화가들이 실경산수화나 자연을 묘사하고자 할 때 의도된 부분을 커팅으로 재단해다 재구성하듯이 시인도 시적 대상을 커팅해다 재구성하는 것이 형상화 작업이란 생각을 갖고 있다.

　마치 재단사가 옷감을 가위로 재단해 오면 재봉사가 미싱으로 박아 한 벌의 옷을 완성하듯이 시인도 시감을 가위로 재단해다 짜맞추기 함으로써 재단사와 재봉사를 겸업하는 겸업자가 시인이란 생각을 갖고 있다.

　시집 『교도집(交刀集)』은 바로 시감을 재단해다 재구성, 형상미학으로 한 편의 시를 탄생시킨다는 나름의 시법에서 출발시켰다는 점을 밝혀두기 위해 동원한 시법의 하나를 교도(交刀)로 제시한 셈이다.

 시적 대상이 자연이었거나 자연사물이었거나 존재나 존재 뒤에 가려져 드러나지 않는 비의(秘義)였거나 이를 재단, 형상으로 재구성하는 것을 시법으로 제시하고 싶어 교도(交刀)란 명명을 차용했음을 밝혀둔다.

2025년 중추
저자

교도집(交刀集) 차례

시인의 말 / 5

제1부
소묘집

소묘 · 1 / 13
소묘 · 2 / 14
소묘 · 3 / 16
교도(交刀) / 18
진달래 고갯길 / 20
초추 커팅 / 22
서설 / 24
설화 / 25
만동소묘(晩冬素描) · 1 / 26
만동소묘(晩冬素描) · 2 / 28
만동소묘(晩冬素描) · 3 / 30
만동소묘(晩冬素描) · 4 / 32
나목의 시 / 34
목련 / 35
목련화 그늘에서 / 36
낙화 / 37
모과목 앞에 하고 / 38
동행 / 39
공원에서 / 40
가을 나그네 / 42

키다리와 난쟁이 / 43
중하(仲夏) 같은 초하(初夏) / 44
공원 소묘 / 46
초하 공원에서 / 48
시핵(柿核) / 50
무악재 / 52
무악재에서 / 54
참나리꽃·1 / 55
참나리꽃·2 / 56
몬스테라 / 57
초하 소묘 / 58

제2부
귀뚜라미

나리 / 63
독립공원에서 / 64
지성을 식칼이라 한 소이에 대하여 / 66
열옥일기(熱獄日記) / 67
더위 읽기 / 68
우계시편 / 69
들꽃 / 70
홍제천 나들이 / 72
홍제천을 따라 걸으며 / 74
그리움 / 75

열하공원(熱夏公園) / 76
여름꽃 / 78
자연성 아닐지 / 80
그늘의 시 / 82
초복과 중복 사이 / 83
눈금 / 84
대숲 / 85
가을 기미 / 86
발자국 소리 / 88
노을 / 90
제녀들의 경연 / 92
제녀음(齊女吟) / 94
무위교감 / 96
하루 / 98
귀뚜라미 변주·1 / 99
귀뚜라미 변주·2 / 100
귀뚜라미 변주·3 / 102
귀뚜라미 변주·4 / 103
귀뚜라미 변주·5 / 104

제3부
추감(秋感)

추억 / 107
일요일·1 / 108

일요일·2 / 109
모기 / 110
포방골 소묘·1 / 111
포방골 소묘·2 / 112
홍제천 소묘·1 / 114
홍제천 소묘·2 / 116
?로 찍고 갈 수 있을 듯싶어서 / 118
무위 번역 / 120
자연에서 배운다 / 122
공원 나들이 / 124
추감(秋感)·1 / 125
추감(秋感)·2 / 126
추감(秋感)·3 / 128
추감(秋感)·4 / 130
침묵과 언어 / 132
한진(汗疹) / 134
한일한가(閒日閒暇) / 136
소리 / 138
부끄러움 / 140
시간 / 141

제1부

소묘집

소묘 · 1

임정기념관
대형 통유리에 이마를 부딪친
정오의 해는 마빡이 빠개져
피를 뿌렸다

띠로 공원의 울타리를 두른
개나리는 볼 가득히 머금은
샛노란 하품을
종일 토해냈다

수경사 호숫가
피로 살갗이 터진 홍매화와
새하얀 벚꽃이 서로 맞닿아
물이라도 들세라 가지의 높낮이를 달리했다

산수유 · 백목련 · 벚꽃과 등외품
앵두꽃까지 다투어 보여주기 경쟁이라도 하듯
얼굴을 내밀었다
봄이 보여줌이란 소이를 알 것 같았다

소묘 · 2

햇볕은 꽃샘추위에 얼굴이 가려져
제대로 수혈을 못 했는지
부숭부숭 부기를 못 면해 부어 있다

미세먼지에 황사를 뒤집어쓴 가지들은
한사코 가려움을 털어냈으나
접착성을 지녔는지 좀처럼 떨어져나가지 않았다

살찐 목련꽃 꽃잎과는 달리
산수유는 귀티를 지니지 못해
볼품과 함께 천기를 지우지 못했다

양지녘 돌 틈새엔
민들레 패랭이꽃이 봄을 맞이하고 있었으나
꽃으로 맞이해줄 눈을 가지로 향했다

거수 플라타너스와 느티목이
나란히 이웃하고 살면서 키재기를 했으나
막상막하 높낮이를 가리지 못했다

철 지난 단풍나무가 가을을 고집하며
빛바랜 남루를 벗어버리지 못한 채
천덕꾸러기를 못 면하고 있다

이름은 봄인데
아직 보여줄 것을 제대로 갖추지 못했는지
볼품없는 꽃 잔치 봄은 초라했다

소묘 · 3

왜 심술이 도졌는지
바람의 행보가 점잖지 못하다
흔들리는 가지들 소지(所持) 삼아
역정을 내보지만 막무가내다

독이 오르기엔 신록들
연둣빛 껍질 한 꺼풀을 더 벗겨내야 할 듯
여리디여린 부드러움의 흔들림엔
각이 없다

만개한 진달래는
백만 송이 천만 송이
묶음 없이 꽃밭째
왕다발의 꽃으로 피어 있다

뒷짐을 진 굽은 허리들에 한 발 앞서
한나절이 앞장서 비켜가고
하오로 들어선 어귀엔
하루가 방향을 틀어 향방을 달리한다

등나무 그늘은 여직
서늘기를 몰아내지 못했고
그늘 밖은 더운 열기가 도졌다
그 사이로 비비새 울음이 지나간다

불간지서 삼아
무위를 페이지로 읽던 과객이
돌아갈 시간이 되었는지
무위 한 페이지를 뜯어 주머니에 넣고 간다

교도(交刀)

두 개의 교도(交刀)를 지니고 산다
하나는 자신을 다듬는
원정(園丁)용 가위이고
다른 하나는 그때그때
재단이 필요할 때 꺼내는
커팅용 교도이다

나는 한 그루 정원수다
내 안에 정원 하나를 지니고 있음이고
소이로 원정이자 정원의 주인인 나는
잘못 웃자란 가지며
병든 가지, 뻗어나서는 안 될 가지며
잘라내야할 몸통도 가차없이 제거한다

나는 커팅 기술자이고 전문가다
대상이 사물이었건 존재이건 무위이건
창조에 봉사하기 위해서는
망설임 없이 커팅해다 재구성하는
프로 커팅사이자 언어의 재단사다
한편의 사무사를 창조하기 위한

날마다 무뎌진 가윗날을 갈아 세우는 일이
내 일과이자 일당이다
15~16편의 풍시조
2~3편의 일반시는
하루치의 내 일당량이고
일당 량에의 충실을 교도가 담당한다

※ 교도(交刀) : 가위의 이칭.

진달래 고갯길

고봉산
개바윗재
붉은 산허리길

진달래 꽃잎 뜯어
발자국 삼아 찍고
넘던 고재

지금도 넘는 이 있어
꽃잎마다
발자국 되어 찍힐까

고개 구비마다
비단자락 감기듯
꽃그늘로 붉은 산허리

돌아가고 싶구나
때 묻음 없었던 초동 시절
그날의 유년으로

돌아가
지팡이 더디 짚으며
추억 동행 넘어보고 싶구나

초추 커팅

노리끼한 잎새들이
며칠 전 추감(秋感) 부정했던 것과 달리
예감이 틀리지 않았음을
말해주고 있다

푸른 열독을 한꺼풀씩 벗겨내고
있었던 것을 미처 읽지 못했다
허긴 어찌 때 묻은 육안으로 순수의 눈금을
읽을 수 있었겠는가마는

압각수들의 높은 가지가 바라기한 귀천
잎새들 발자국 삼아
찍고 가고자 함이었던 것을
어찌 감태낀 육안으로 읽을 수 있었겠는가

육안으론 볼 수도
볼 수 없으니 읽을 수도 없는 순수의 눈금을
잎새들은 빛깔로 말해주고
모과의 금박된 이마는 무게로 말해주었던 것을

속진의 과객이 어찌 이를 읽을 수나 있었겠으며
말해준단들 귀동냥이나 할 수 있었겠는가
순수의 무위만이 빛깔하고 중량할 수 있는
가을의 예감을

서설

공원은 미니 설국
황금목들 죄다 설목으로 변하고
수림만이 아닌 설상·설석·설탑·십자가까지
죄다죄다(罪多) 죄를 씻으려는 듯
하얀 서설 세례복 삼아 갈아입었다

꽃잎 없이도 꽃으로 피는 설화를
달리 육화(六花)라 했던가
순도 120%의 순수만이 육화로 꽃잎할 수 있는
일시에 설화로 둔갑한 공원 설국은
미다스의 황금 왕국에서 아이다스의 설국으로
개벽했다

때 묻지 않는, 너무 희어서 얼룩이 박힐 수 없는
무위의 야성은 인위의 삼백(三白)과는 다른
순수의 대명사다
대명사를 밟고 가는 발자국이 인위의
육안으론 볼 수 없는 눈 위에 빨간 피로 찍혀 있다

설화

햇볕 따라 피는 꽃과는 달리
햇볕 따라 지는 꽃 설화
눈을 죽은 비라 했던가
얼음 속에 죽었다가 햇볕에 부활하는
비 아닌 눈물
육화(六花)는 가지째 나무째
그렇게 피었다가 비의 정(精)으로 진다

꽃이 붉은빛 언어라면
눈은 흰빛 언어
한 번도 붉혀보지 못한
꽃으로는 붉힐 수 없으면서
정으로만 흘릴 수 있는 눈물의
순도 120%의 따뜻함으로 가슴하게 하는 순수
설화는 그렇게 피었다 그렇게 진다

만동소묘(晩冬素描)·1

정오의 햇살은
공원을 과녁 삼아
수직 정조준 고루 뿌려댔다

그늘로 구겨졌던 영역을 펴며
잃은 실지를 공원은 회복했다
온화한 평화가 축복처럼 포근했다

역마살을 못 면한 바람만
바쁜 행보를 재촉하며
가로질러 공원을 빠져나갔다

먼 산골로 피한(避寒) 갔다 돌아왔는지 새 한 마리
돌아오면서 옥구슬 꽃씨를 물고 왔는지 꼬르르
목으로 굴리며 토해냈다 삼켰다를 되풀이했다

양지녘엔 노인 몇 분이
햇볕을 쬐는지 시간을 보내는지
주름살을 햇볕 크림 삼아 폈다 접었다 되풀이했다

한나절을 뒤로 하고 돌아선 하오가
자빠져 있는 그림자를 일으켜 세워
죄다 끌고 갔다

만동소묘(晚冬素描)·2

낮부터 풀릴 것이라던 날씨는
하오로 접어들면서
풍기 못 면한 바람기만 거칠어졌을 뿐
흡사 봄 날씨 같았다

경칩이 다음 주
얼었던 산계(山溪) 토악질 해대고
산수유도 춘곤증 털어내며 눈을 떴다
절후란 게 거저 있는 게 아니란 듯

양지녘을 골라 딛던 과객의 행보도
팔자 양반걸음이듯 점잖아졌고
까치의 성질머리 급한 격음도
꺾임이 둔화돼 따라 점잖았다

벤치를 기어오르던 햇볕이 허리께에 걸칠 무렵
위치를 바꾼 그림자들이
일제히 몸을 틀어
키를 일으켜 세웠다

공원 주차장엔 관광버스가 늘어났고
3.1절 관광지로 공원을 택했는지
게망태를 풀어놓은 듯
관광객이 바글거렸다

만동소묘(晩冬素描)·3

겨우내 영양실조를 못 면했던
햇볕이 오랜만에 긴장을 풀었는지
움츠렸던 가장자리를 폈다

젖었던 보도블럭이 고실고실 마르고
질척이며 고르지 못했던 보폭이
일정하게 내딛어 점잖았다

길가로 채여나간 잔설들이 몸을 푸는지
꽁꽁 묶였던 한속기를 털어내며
지난 혹한의 겨울나기를 눈물로 적셨다

신명은 까치들의 몫이었다
신방을 차리려는지 부부인 듯싶은
한 쌍의 산작이 입으로 부지런을 떨었다

이웃하고 사는 구구구 떼가
엄동을 무사히 보낸 안도감을 즐기며
양지녘 햇볕으로 몸을 푼다

칼바람과 맞섰던 청솔 가지들이
엄동으로 묶인 붕대를 풀었는지
낭창낭창 유연성을 회복했다

소식이 끊겼던 노구들이
하나둘씩 나들이에 나섰는지
양지녘이 지난겨울 이야기로 따뜻하다

한 끼쯤 걸러도 좋을 듯싶은데
도진 시장기가 정오를 기별했다, 항시
길게 동행했던 그림자가 난장이키로 따라 왔다

만동소묘(晩冬素描) · 4

　겨우내 우거지상으로 구겨졌던 인왕봉이 드디어
얼굴을 폈다
　맞을 손이 있어서였거니 했으나 떠돌이 바람이
전한 바론
　일정이 다소 지연돼 도착이 늦을 것이란다

　공원은 떠돌이 유랑풍의 간이역이거나 간이 휴
양지, 가지를 떠난
　역마살 못 면한 바람들이 잠시 가숙지 삼아 쉬어
가곤 했으나
　야성의 성질머리는 사나왔고 무법자였다

　수경사 투명 지붕 위 직각으로 떨어진 햇살은 파
편처럼 부서져 흩어지고
　나목들의 가지들이 손을 내밀어
　한 주먹씩 주워다 온몸을 금박으로 단장했다

　원적지가 안산이었던 산작들이 본적지 삼아 공
원으로 이주했고
　발정기를 맞아 묵은 집을 수리하려는지

부지런을 떨면서 입놀림이 점잖지 못했다

양지녘에 봉분 삼아 겨울을 장사지낸 설봉들이 결빙을 풀었고
젖은 가장자리를 말리기 위한 듯 옹기종기 햇볕들이 둘러서서
물기를 말리고 있었다

바람은 시샘인지 도진 심술인지 미처 돌아가지 못한 고엽들을 발길질로 날려
공중분해라도 하려는 듯했으나 원심력으로 흩어졌다 다시 구심력에 끌려들기를 되풀이했다

나목의 시

수림들의 가지 사이가 헐렁하다
간격과 간격을 열어 길을 내고
칼끝 삭풍이 지나가게
길을 열어주는 지혜일 듯싶다

인위의 겨울나기는
틈새와 틈새를 빈틈없이 메워
바람을 차단하는 폐쇄법이
겨울나기 지혜다

한 겹의 햇살이라도 더 나신에 둘러
엄동에 살아있고자 체온을 감싸는
나무의 지혜 양료법(陽療法)
헐벗음으로 헐벗음을 면하는 무위의 지혜다

따뜻한 공원 양지녘에 앉아
햇볕을 연고 삼아 몸에 발라 나신을 감싸는
무위의 지혜를 나목에게서 배운다
페이지 없는 백 페이지는 자연의 교과서

목련

맑은 햇볕 아래서 보니
백목련은 아이보리색이었다
아이보리 하면 상아
상아 하면 코끼리가 떠올랐다

목련과 코끼리의 상관성에 생각이 미쳤다
불경에 코끼리만이 전생을 기억한다 했던가
오랫동안 명상한다 했던가
뿐만이던가
목련과 연꽃 부용을 목련(木蓮)과
연화(蓮花)라 한 기록이며 목련을
불교적 상징화라고 한 연유에도 있지 않던가

모든 존재의 인(因)과 연(緣)과 결(結)함이
서로 잇대인 일원론의 불이(不二)
인과 연과 결이 셋이면서 하나이고
하나로 합치되니 불이가 맞는 이치 아니던가
이치를 깨닫지 못한 미련한 진혜를
공원 페이지 삼아 펼쳐놓고
무위의 천리를 목련을 통해 배운다

목련화 그늘에서

목련화 그늘에 앉아
잠시 노독을 푼다
여기저기 지는 꽃잎이 흩어져 있다
낙화라 했는가
속단하지 말라
상식으로 풀이하지도 말라
혼으로 돌아갈 수 있는 순수의
화혼만이 돌아가는 길에 찍을 수 있는
발자국인 것을

저리 희고 고운
때 묻지도 물들지도 않는
저 순수의 순백
순도 120%의 때 묻지 않는
화혼만이 돌아갈 수 있는 곳
어디냐고 묻질랑 말라
대답 대신 손짓으로 가리키는
목련화 가지 저쪽이
하늘로 돌아가는 귀천인 것을

낙화

다투어 피었던 꽃
제마다의 낙법으로 진다

지는 꽃을 낙화라 했던가
육안으로 보면 그렇다
육안 아닌 심안으로 보면
그렇지 않다

떨어진 꽃잎은 낙화가 아닌
발자국이다
그것도 육신으로 찍은 때 묻은
발자국이 아닌

때 묻지 않은
진대를 밟아본 적 없는
순수만이 찍을 수 있는
영혼이 찍고 간 발자국이다

어디로 갔느냐고 물었는가, 대답은
꽃가지들이 일제히 가리키는 손가락질이다

모과목 앞에 하고

황금 이마보다
욱복(郁馥)이 더 무거웠나보다
가지들이 낭창낭창 휘어 있다

다투어 낙법 연습 중인
플라타너스, 느티, 압각수며
이름 없는 잡목림까지

가지 높이 매달려 있는 것은
행여 검은 손길에 꺾일까 봐
피한 지혜 지님일 듯

순금 이마의 지혜, 높이의 지혜
육즙 아닌 향기로 건네는 지혜
모과나무 앞에 하고 모과의 지혜를 배운다

동행

동행 없이 홀로 걸어가고 있는
행인들을 내려다보면
동행하는 것이 보인다

굽은 등 느린 걸음에 짊어진 세월과
허무가 동행하는 것이 보이고
잰걸음에 보폭이 당당하면
삶의 긍정을 좇아 도전하는
동행하는 행복이 보인다
목적도 없는 듯이, 방향도 없는 듯이 내딛는
무심한 발걸음엔 절망과 좌절의 동행이
꼿꼿이 세운 몸의 고른 보폭으로 걷는
젊은이의 발걸음엔 애인과의
동행이 보인다

동행 없는 행보가 동행하는 동행
잘 보면 보인다
동행자 아닌 함께 걷고 있는 동행이

공원에서

맑은 날엔
잎잎마다 입이 되어
햇볕 핥아 살 찌우고
바람 부는 날엔
잎잎마다 귀가 되어
노래소리로 듣는다

한가한 날엔 이웃끼리
가위 바위 보
햇볕 뺏기를 하며 논다
그도 심심하면
까막까치라도 초대 말을 나눈다

여러 혈통을 달리한 수종끼리 살면서
다툼을 한다거나
반목을 하는 일 없이
주어진 계절대로 햇볕이 그어준
그늘로 경계 삼아 불평 없이 산다

소이로 공원은

수림공화국
시민의 가든이 아닌
전쟁이 없는 에덴이다
동쪽도 서쪽도 없는 평화로운 하나로

가을 나그네

압각수
느티
플라타너스
가을은 돌아가는 계절
제마다 떨군 낙엽들
발자국으로 찍혀 있다

공원은 계절의 간이역
잠시 머물다 떠나는
사랑이 있고
이별이 있고
그리움이 있고
추억이 있는 곳

향수하는 먼 곳
발자국 따라 걸으며
돌아가고 있는
귀향일 듯도 싶고
귀천일 듯도 싶은
가을 나그네

키다리와 난쟁이

공원 그늘 길, 저쪽 끝에서 유독 키가 큰 사내와
키가 유독 작은 여인네가 걸어오고 있었다
부녀간의 나들인 줄 알았더니
키다리 외국인 남자와 난쟁이
외국인 여인이 나란히 걸어왔다

스치면서 궁금증, 부부인가?
동시에 점잖지 못한
옛이야기가 떠올랐다
장다리 사내와 단구의 여자가
합방을 했겠다

한참을 즐기는데 사내의 배꼽에서
여인네가 괴성을 지르며 발버둥을 쳤다
그 바람에
배꼽이 간지러워 사내가 그만 웃음을 터뜨렸다
했더니 여인 왈 "윗목에 누구요" 했다는 이야기

중하(仲夏) 같은 초하(初夏)

공원은 거대한 열기구
지금 예열 중이다
팽팽하게 부풀어 멀리 떠올라 가버리면
이내 수해(樹海)가 된다

갓 피기 시작한 나리난초는
빛깔 고운 산호초가 되고
그늘들은 제마다 작은 범선이 되어
길손들의 정박지가 돼준다

거수들의 높이로 척도되는 강심
이파리들은 크고 작은 활어가 되어
파닥이며 비늘을 일으켜 세우고
하오가 예인하는 대로 공원은 끌려간다

열독을 뿜어대며
부글부글 도심이 끓어오르고
아스팔트길이 열사로 이어져
열독행이 되는 초하가 앓는 중하 열기

수해의 그늘에 돛폭을 접고 앉아 쉬는
한때의 한가
공원은 열사로 부글부글 끓고 있는
도심의 오아시스다

공원 소묘

독이 오른 잎새들은
잎잎마다 입이 되어 독기를 뿜어댔다
그늘은 푸른 독이 번진 발병지대

알 수 없어라
어찌하여 발병지대 마다않고
스스로 찾아드는 것일까

더 알 수 없는 것은
어찌하여 열독의 세례에도
감염되지 않은 것일까

또 알 수 없는 것은
열독만이 아닌
과객의 시름 노독도 풀어준다는 사실과 함께

열독에도 감염되지 않는
순수의 순도 120%가 뿜어내는
무위의 숨결이라는 사실

잠시 골라본
숨과 숨이 합쳐져 하나가 되는
무위에의 귀환

초하 공원에서

등꽃 시원찮게 피었기에
그러려니 했더니 열매한 채 달린
콩꼬투리는 주렁주렁했다

초하의 열기를 퍼낸
그늘은 시원했고
과객 몇이 벤치에 앉아 쉬고 있었다

눈 들어 바라기한 인왕산 봉엔
보내는 유심 있어 떠났는지
한 점 구름도 없었다

가지와 가지 사이로 길을 내며
역마살 도진 바람이
잠시 쉬었다 떠났다

정오를 벗어난 햇살은
몸풀기라도 하듯 열독을 뿜어댔고
그늘들은 차양친 쉼터 구실을 했다

한가여도 좋고, 휴식이어도 여유여도 좋은
잠시 벗어난 일상 밖으로의 피투(被投)는
기실 무위로 돌아가는 필연의 귀환이었다

시핵(柿核)

지난 구정 때
상주 곶감 선물을 받았다
반연시였는데 시핵(柿核)이 있었다
상주 감에는 씨가 없다는데
빈 화분에 씨를 심어보기로 했다

중춘(仲春)쯤이던가
두 줄기의 감나무 순이 올라왔다
기대하지 않았던 터라
내심 반가워하며
한 화분은 볕바른 양지에, 하나는 창가에 놓았다

일과처럼 들여다보며 시핵(詩核)을 가꾸듯
물도 주고 돋아나는 잡초도 뽑아주었더니
세 치쯤 키도 더 크고 건강했으나
창가 것은 키도 작고 발육도 부실했다

그렇구나
만물의 성장이란 게 햇볕과 흙과 물의 조화
충족해야 하듯이 시핵(詩核)도 시핵(柿核)도

인간의 경우도 다르지 않겠구나 싶었다
심고 기르고 보살펴야
열매도 거둘 수 있듯이

무악재

주말을 제하곤 거의 매일을
걸어서 고개를 넘는다
고갯마루에는 돌을 깎아 만든 의자가 둘
놓여 있었으나 쉬어가는 이를 보지 못했다

이별이 없었으니 기다림이라고 달리 있겠는가
기다림이 없으니 앉아 쉬어갈 일
또한 없음이다
해서 무별리(無別離) 고개라고 이름해 봤다

무악이면서 산허리 내어주고
이별 없으면서 넘어가게 등 내미는
있고 없음이 부질없으니
무(無) 머리에 얹었다고 탓인들 탈인들 있겠는가

고개엔 참나리 드문드문 피어 있어
잠시 발길 세울 법 하지만
여직 본 적 없고
늙은 길손이 쉬어감 겸해 서 있을 뿐이었다

여름이면 길 양편에 능소화가 핀다
이별 없는 고개이니 꽃말 기다림이라도 새겨
쉬어가게 하고 싶었던 것일까
헌데 기다림을 밟고 가는 무심한 발길 뿐이다

가버린 날에의 그리움이듯 기다림이듯
길손 하나 꽃 앞에 하고
기다림이 되어버린 듯
발길 돌리지 못한 채 돌로 굳어 서 있다

무악재에서

무악재[毋岳峙]는 삼무(三無)의 고개다
이름은 무악(毋岳)인데 어미산이 없고
걸어 넘는 이 없으니 길손이 없고
길손이 없으니 앉아 쉬어가는 이 없다
하나 더 이별이 없었으니
기다림 또한 없는 삼무의 고개다

뿐만이 아니다
혼자 걸어 넘으니 동행이 없고
안산자락이 그늘 깔아
그림자마저 없으니 홀로 넘기
고갯마루에 돌로 깎은 의자 놓여 있으나
쉬어가는 이 없으니 삼무의 고개다

이별 없었으니 보내는 이 없고
보낸 이 없었으니 부를 이름 또한 없다
부를 일 없으니 대답할 이 없고
멀리 보내는 부름 있으나 무심으로 보내니
유심이 없고 유심이 없으니
역시 무악재는 삼무의 고개다

참나리꽃 · 1

장맛비 마다않고
참나리꽃이 피어 있다
젖는 것은 꽃인데
꽃 아닌 다른 것이 젖는다
우산 속에서도 젖어버린
가슴이다

어찌하여 가슴이 젖을까
비로는 적실 수 없으면서
꽃으로만 적실 수 있는
젖음으로써 꽃잎할 수 있는
가슴에 따로 꽃씨라도 지니고 있었던 것일까
그런 꽃씨로만 피울 수 있는 꽃가슴

참나리꽃의 꽃말을 나는 모른다
있다면 살아 피가 도는
그런 살로만 피울 수 있는 살꽃 아닐지
그러지 않고서야 저리 붉을 수가 있겠는가
가슴과 가슴이 맞닿아 하나가 됐을 때만
살로 피어 피가 되는 살꽃

참나리꽃 · 2

드라큘라의 피 먹은 입술이다
저민 젖가슴의 살찐 살점이다
순수의 피로는 빛깔할 수 없는
악마의 피다
클레오파트라의 입술이
저러하지 않았을까
천사들의 연지로는 칠할 수 없는
거리의 여인들이 덧칠한 루즈다
여자의 미소는 신이
입술은 악마가 만든 소이가 이러하다
어디서 악마가 시작되고
어디서 천사가 시작되는지
알지 못하는 소이다
참나리의 붉은 꽃잎은
꽃잎 아닌 악마의 붉은 입술이다

몬스테라

햇볕의 무게는 축복
바람의 무게 재앙
축복과 재앙을 숙명으로 하고 태어난
몬스테라

풍요로운 잎에 여러 갈래의 골이 파인 것은
바람의 무게를 덜어냄으로써
가지째 꺾이지 않으려는 자구책이다
제 살점을 도려내 바람의 통로를 제공한 셈이다

모든 생명체는 살아남기 위해
자아방어기전을 갖는다
소나무가 고사 위기를 맞으면 모든 솔방울을
떨어뜨려 파종을 하듯이

몬스테라의 제 살을 찢어낸 바람의 길 내기도
자구 수단에 의한 방어 메커니즘이다
제 살을 내어줌으로써 꺾이지 않고 살아남은
생명 있는 삶의 페이지엔 지혜가 들어 있다

초하 소묘

계절이 열독의 열옥 여름
맹동의 냉옥의 겨울로 이분화 되듯이
여름도 초하·중하·만하의 절후가 없어지고
봄 발길질하자 이내 열독의 성하다

나뭇잎들은 푸르다 못해 검푸르게 독물 번지고
햇볕은 땡볕을 열독으로 뿜어댄다
수림들이 그늘방석을 깔아주지 않았던들
여름은 연옥 아닌 열옥이다

아스팔트길은 거대한 먹구렁이로 드러눕고
가로수들은 잎잎마다 톱날이 되어
독날 세운 톱질로
그늘마다 능구렁이로 한 토막씩 잘라낸다

열사의 길엔 유형처럼 끌려가는
길손들 지쳐 늘어진 행보가
열사의 길 같고
독을 뿜어대는 갑충들만 불을 뿜으며 질주한다

여기는 독립공원 등나무 그늘 밑 벤치
유형의 길에서 필사의 탈출에 성공한 한 과객이
그늘의 울무에 갇힌 포로를
염제의 화저부대가 초병으로 지키고 있다

제2부

귀뚜라미

나리

6월의 꽃은 나리
능소화가 초하를 장식한다

열독지대 못 면한 공원은
삭막한 열옥의 여백을
참나리 난초나리 꽃으로 장식하고 있다

누옥엔 옥상에 하나
현관에 하나 두 나리 분이 있다

간 아내가 좋아했던 소이로 가꾸다
올해는 손이 빠졌더니 꽃 필 기미가 없다
인정을 먹고 인정으로 피는 꽃이 나리 아닐지

독립공원에서

앞으로는 인왕산 자락
뒤로는 안산 능선을 끼고
거수 느티·압각수·플라타너스를
울타리 삼아 둘러친 독립공원은
서울의 쉼터이자
길손들의 휴식처다

어떤 이는 일제의 잔학사를 읽고 가고
어떤 이는 유관순을
김구를 안창호를 여운형을 읽고 가는
애국 선열들의 넋과
숨결이 살아 숨쉬는
역사의 산 현장 독립공원

봄이면 선혈들이 가슴으로 흘렸던 피이듯
홍매화 다투어 피의 함성이듯 토하고
가을이면 거수들이 떨군 낙엽
죽음으로써 삶을 건져올린
필사의 투신으로 지켜준 애국혼 일깨워주는
선열들의 복당이었던 독립공원

추억을 찾아왔다 추억을 도둑맞고 가는
무심히 들어선 발걸음들이
선목유음 쉼터 삼아 잠시 쉬어가는
길손이면 어떻고 나그네면 또 어떠랴

공원 불간지서 삼아 역사의 한 페이지 읽고 가면
무심한 발걸음을 어찌 헛발질이라 하겠는가

지성을 식칼이라 한 소이에 대하여

식칼은 부엌의 요리용 칼이다
도마가 있고 도마엔 칼이 놓여 있어
언제든지 성찬에 이바지하기 위해
봉사할 날을 세우고 있다
알맞게 썰고, 다듬고, 조각내고 저며
식단의 풍요에 기여한다

지성의 칼은 혀를 즐겁게 하는 미각이 아닌
정신을 즐겁게 하는데 기여하는
일종의 지적봉사에 이바지한다
필요 없는 의식을 도려내기도 하고
정신적 무게에 부담을 주는 비계를
잘라내기도 하고 웃자란 지각을 다듬기도 한다

학문의 영양을 풍부히 하기 위해 지성을 썰고
결핍된 지성을 확보하기 위해선 절장보단의
교도(交刀)가 되기도 한다
무위를 재단해다 인위에 옷을 입히기도 하고
잘못 가꾸어진 지성의 정원을 다듬기도 한다

열옥일기(熱獄日記)

열옥의 열독이 올랐는지
의식이 몽롱하고 몽롱한 의식 사이로
열사를 끼고 도는 열강이 흐른다

지구는 팍팍한 사막이 되고
사막엔 정오가 당기고 간 열촉의 불이 번져
불바다가 된다

열사를 마다않고 걷는
고행은 열옥 유형의 길
극한에의 도전만이 찍을 수 있는 발자국이다

어디로 가는 길일까
길이 끝나는 곳은 어디쯤이며
무엇이 기다리고 있을까

미지 아닌 무지가 펼쳐보는 무지계(無知界)
치열한 삶의 돌진만이 찍고 갈 수 있는
삶이란 열사 위에 찍힌 발자국이다

더위 읽기

더위란 놈은 꽤나 영리한 놈이다
목을 껴안고 매달리다가도
놀아주지 않으면 도망쳐 버린다
부채를 손에 한다거나 움직이지 않으면
현관 밖 나뭇가지에 걸터앉아
그네타기를 하다가 그도 심심하면
바람의 등에 업혀 멀리 줄행랑이다
땀을 흘리고 흘려 끈적끈적 달라붙는
접착성을 좋아하는
싫은 것만을 골라 즐기는 심술엔 질린다
도지면 등에 업힌 채 절대로 떨어지는 법이 없는
게으름을 싫어하고 땀 흘리는
부지런을 좋아함을 덕성으로 지니고 있다
옛분들 한 말씀 덕담 곁들일 법한데
과문 탓인지 읽지도 듣지도 못했다
만국여재홍로중(萬國如在紅爐中)
더위 먹은 유식한 척 같아서 가까이하지 않는다

우계시편

한발 한발(旱魃)
열옥으로 끌려가는 유형의 발걸음과

한발 한발
화저를 꼬나들고 죄어 다가오는
염제의 발걸음

그 사이로
불을 뿜다 지쳐 나자빠진
화룡이 길게 누워 있고

길을 피해
꼬리에 꼬리를 물고
소나기 삼형제가 외발로 지나간다

소나기 세례에도 젖지 않던 가슴이
한발 한발 발자국을 적시며
우계 동행하고 지나간다

들꽃

경풍(輕風)과 곡풍(谷風)이
교차하면서 오선보를 긋고 지나간다
크고 작은 들꽃들이
제마다의 빛깔과 소리로
음자리마다에 보표가 된다

들녘에 다투어 피어있는 꽃들이
소리가 되고
소리가 되어
파도로 일어서면서 들째 소리의
바다가 된다

나는 그중 큰 파도 하나를 건져올려
돛폭을 달아 배로 띄운다
띄워놓고 그중 깊은 곳을 향해
필사의 투신을 한다
완전한 익사만이 완전한 소리의 삶을 인양한다

애내성(欸乃聲) 한 소절이
강을 저으며 들녘을 싣고 가로지른다

소리와 소리가 밀려갔다 밀려오며
들녘째 꽃들의 화음으로 파도를 일으켜
출렁이는 소리의 바다가 된다

홍제천 나들이

오랜만에 홍제천 나들이를 했다
폭우가 지나간 후엔 물이 맑았고
빠른 유속이 발걸음을 재촉하게 했다

기대했던 새끼들 오리 가족은 보지 못했으나
재두루미와 일광욕을 즐기러 나온 바위 등에 앉은
거북이 가족을 만날 수 있어 섭섭함을 덜었다

지난해완 달리 보폭이 좁아졌구나 싶었는데
1시간 10분 작년과 같은 시간대였다
내심 아직 무릎이 건재하구나 싶어 기분이 업했다

흠뻑 등에 땀이 젖었으나 싫지 않았다
부끄러움으로 흘린 한줄첨배에 비하면
순도 120%의 순수로 적심이 아니던가

내는 변함이 없는데 천변 뽕나무들은
거수가 되어 흘러가는 물과 올라가는 키로
세월을 척도하게 했다

1시간의 홍제천 나들이는 내 건강의 척도였고
하루치의 행복이었다
냇물로 흐른 세월을 백발로 날리며 돌아왔다

홍제천을 따라 걸으며

내는
세월을 발길질로 재촉하며
세월로 흐르고 있었고
상목(桑木)은 세월을 뿌리로 박고
세월로 서 있었다

세월 동행
세월 저쪽으로 머무름 없이
가는 길 마다않고 흐르는 냇물관 달리
뽕나무는 세월로 세월을 감아올려
바람의 재촉 뿌리치며 제자리에 서 있었다

가고 옴의 세월 따라 세월로 흐르는 홍제천
세월을 머리에 두른 한 과객이
세월 동행
천보(川步)보다 느린 보폭으로
세월 발길질하며 홍제천을 따라 걷고 있었다

그리움

사랑을 실로 뽑아 씨줄 삼고
사모를 골라 뽑아 날줄 삼아
두 색깔을 문양으로 짜내는 나는
달인급 견직공이다

더러는 봄바람에 스치는
꽃향이나 빛깔
달빛이나 귀또리 울음까지도 섞어
교직하기도 하지만

주된 직물은 사랑짜기다
이성간의 그리움을 엮기도 하고
척애(隻愛)의 아픔을 섞어 짜기도 하는
프로 견직공

엮어 짜 마음과 마음을 잇기도 하지만
더러는 가위로 잘라내기도 하고
가위로 가시 도끼로 끊어내기도 하는 나는
한손엔 북, 한손엔 가위를 든 교도술사(交刀術師)다

열하공원(熱夏公園)

열옥의 한때
예열 중인 열기구처럼 공원은
팽팽히 부풀어 올랐고
미처 채우지 못해 찌그러진
구석 공백은 바람이 대신 채워주고 있었다

수림 사이의 공백은 그러했지만
그늘 밖의 빈 여백은
직각으로 떨어진 땡볕뿐
장마 끝 열옥 시작의 신호탄은
제녀 부대가 쏘아올렸다

열독을 피하지 못한 거수들의 가지들은
잎새들을 부챗살로 펼쳐들고
서둘러 털어냈으나
되레 따가운 함성이
기타 여백을 메워버렸다

보한(補閑) 삼아 손전화를 꺼내 들었으나
받지 않았다

이런 날엔 덕담 한마디도 청량제가 되는 것을
부덕 탓인지 불통이었고
땡볕이 부글부글 끓는 열독을 토해냈다

여름꽃

여름꽃으로
능소화 나리꽃만한 것도 없다
열독이라도 번진 듯, 뿜어낸 듯
강렬한 색깔이 그러하고
열옥을 밝히듯 발산하는 빛깔이 또한 그러하다

땡볕의 열기로 가득찬 숨막히는
여름의 여백
제 신열에 지쳐 주저앉은
바람벽으로 둘러친 공백을
꽃으로 장식한 능소화와 나리

땀의 한때를 쉬어가게 하는
저만한 눈요기가 또 달리 있던가
꽃말로 말하고 향기로 말하는
잠시 능소화 앞에 하고 기다림이 되어 보고
향기로 콧바람 쐬는 꽃과 함께한 한때의 한가

그늘만이 열옥의 쉼터던가
열옥도 꽃이 피는 열옥

꽃말 벗해 향기 벗해 열독 씻어내는
능소화와 나리와의 한때
더 바라 뭘 하겠는가

자연성 아닐지

육신은 하루하루
찌그러져 가는데
마음은 하루하루
너그러워져 가는가

너그러워져 시야도 따라 넓어지는 것일까
넓어져 새로이 담을 것이라도 있던가
건성으로 보았던 무심했던 것들이
진성으로 유심하게 다가온다

인왕의 이마를 스치고 지나가는
무심히 보냈던 구름 한 점이며
바람 한 자락에도 마음 가는
유심

무슨 철이 들었다고 다정스레
느껴지는 것일까
느껴져 다스함으로 교감하는 것일까
철들고 볼 것이 싫지 않음 때문이다

매사 뭐가 그리 고맙고 감사한 것인지
쉬어가는 그늘 한 자락에도
고마워하는 때 묻지 않은 순수
그것이 자연성 아닐지

그늘의 시

그늘은
길손에겐
목로집이거나 간이역이다

잠시 들러
땀을 식히며
쉬어가는 쉼터이기 때문이다

계절은 열독이 창궐한
중복 무렵의 열하(熱夏)
삼계에 더해 사계의 열옥(熱獄)

염제의 통치에
제녀(齊女)들 일제히 함성으로 규탄하고
뻐꾸기 폭군폭군 외쳐대는 겁화(劫火)지대

그늘의 한때로 찍고 가는
유형의 발자국이
화인(火印)으로 열독을 되질해 낸다

초복과 중복 사이

염제(炎帝)의 행차인가
가로수들이 죄다 악대(樂隊)가 되어
행진곡을 연주한다

뻗은 가지마다 오선보(五線譜)가 되고
잎잎마다 보표(譜表)가 되어
열옥의 행진이 발자국을 찍고 간다

먹구렁이로 누워있던
아스팔트가 녹아 흐느적거리고
열독이 번진 그늘은 보도의 얼룩으로 밟힌다

한발 한발(旱魃)
행진곡에 맞춘 행보는 행진 아닌
열옥으로 끌려가는 유형의 길이다

악악 음부마다 악의 비늘로 쏟아지는
직각으로 떨어지는 폭양이
땡볕 아닌 열옥의 화인으로 찍힌다

눈금

120mm의 물폭탄을 퍼부을 거라던
폭우는 오지 않았다
임금님이 사는 곳을 알아본 모양이다

이익(李瀷)의 성호사설에
임금이 정사를 게을리하면 하늘이
재앙을 내린다고 했던가

내리리라던 폭우 비켜가는 걸 보면
나라님 다스림이 하늘을 움직였다
하는 생각을 가져보게 한다

말은 태어나면 제주로, 사람은 서울로
옛분들 말씀이다
서울 사는 연고로 물재앙 피했으니 나라님 덕 같다

열독을 뿜어내던 더위도 눈금을 내렸다
이 또한 나라님 덕의 눈금이 높아짐 아닐지
촌놈 서울살이 이런 눈금 눈치로 읽기만 익혔다

대숲

무욕의 빈 마디와 마디로
켜켜이 쌓아올린
올려 탑의 무게로 서서
비웠을 때만이 소리할 수 있는
피리가 되어
달을 따오기도 하고
바람을 머물러 쉬어가게도 하고
귀또리의 울음이 되어 가을로 토해놓고
마디마다 ♪♪이 되어 발성하는
대숲

무욕만이 비워낼 수 있는
비워내 소리로 가득 채울 수 있는
대숲째 피리가 되고
피리가 되어 마디마디
소리로 답을 하는
답마다 탑의 무게로 가누고 서 있는
대숲

가을 기미

폭염·폭우·폭풍 등
폭자 돌림 자연 재해에
인위 재앙 관세 폭탄까지
세상은 화통을 삶아먹고
열독에 지친 채
칙칙폭폭 열옥행 열차에 끌려가는 유형 중

투창처럼 화저를 꼬나든
염제의 점령군들은
창궐하는 염병에도
외외탕탕
왕매미들의 악악 세례에도
물러설 기미가 전혀 없다

다행스레
거수들의 가지가 잎새들을
부챗살로 펼쳐 이마를 식혀주지만
끈적끈적 달라붙은
등에 업힌 연체성 학질에는
기가 질린다

인왕의 이마를 스치는 파르무레한 바람 한 자락
소성으로 금박된 열독의 이마를
한 꺼풀씩 벗겨내면
아미 사이에 추운(秋雲)이듯
구름 한 점 걸려 온다

발자국 소리

먼 날 옛집
뒤란
대숲엔 감나무 한 그루와
그늘엔 외상이 하나
땀 식혀 오수를 즐기게 하는

딸각딸각 찍히는
하이힐 발자국 소리가
꿈속을 밟고 왔다
내 가슴에 최초로 찍힌
발자국

여름방학의 어느 날
소학교 선생님이었던
그녀가 찍은 발자국이
지금도 지워지지 않고 남아 있다
딸각딸각 소리와 함께

창밖 맞은편 눈높이엔
두 그루 어린 감나무가

키재기를 하듯 나란히 크고 있다
마주할 때마다
가슴에선 딸각딸각 하이힐 소리가 난다

노을

노을을 가슴으로 배울 무렵
백리 밖 옥매산은
내 가슴의 산이었다

송곳처럼 끝이 뾰족한 산은
정삼각형으로 내 시계에선
그중 높은 산이었다

노을녘이면 송곳 끝에 찔린
낙조가 피를 흘리고 있었고
우리 집 창호엔 수만 송이
장미가 피어났다

손을 대면 핏빛이 묻어날 듯
코를 대면 향이 묻어날 듯
아자(亞字) 창은 장미꽃밭이 되었고
내 가슴은 가슴째 장미가 되어 피가 묻어났다

꿈을 배울 무렵이었던가
노을을 가슴에 담아보던 시절이었던가

그날의 옥매산 일몰은 지금도
내 흉벽에 지워지지 않은 한 컷으로 걸려 있다

제녀들의 경연
- 제녀(齊女) : 매미의 이칭

거목들이 뻗은 가지는 오선보
제녀들이 보표로 매달려
나무째 목관악기가 된다

레퍼터리는 알 수 없지만
고저장단도 구별이 없지만
신명만은 명 경연의 연주차원이다

더러는 삐쪼시가 끼어들어 삐쪼시
삐쪼시 매김소리로 화음하고
더러는 찬조출연한 새소리로 흥을 돋운다

악악대고 질러대는 음계엔
소리의 높낮이가 없다
다투어 경연이라도 하듯 고음을 터뜨릴 뿐이다

도레미파솔라시도
음악 교본에 견주면 엉망인 불협화음이다
그런대로 어찌하여 땀의 한때를 벗해주는지

목관악기나 금관악기로는 흉내할 수 없는
고저장단마저 초월해버린 순음(純音)이거나
음의 원형인 맴맴맴, 삐쪼시 삐쪼시

이 불협화음이 어찌하여
거부감없이 메아리로 감겨 오는 것일까
필시 음치이신 하느님의 한 소절 때문이 아닐지

제녀음(齊女吟)

질러대는 악이기엔
따갑기는 해도 음질이 곱다
그렇다고 악(樂)과 한통속인 희야(喜也)이기엔
고저장단이 없는 단음절이다

악을 쓰는 것 같으면서도
호소력이 들어 있는 것 같고
호소력이기엔 감기는 맛이 없다
음계가 없는 단음절 맴맴 때문이다

가로수들이 일제히 취조악대가 되어
누군가를 보낸다
듣기에 따라선 질러대는 전지용
기계톱날 소리같기도 하고

삐쪼시 삐쪼시
매김소리 곁들인 걸로 보면
발성연습은 아닌 듯싶은
불협화음의 화음이 그럴 듯하다

제녀(齊女)라 했던가
계집애들의 노래이기엔
선머슴놈이 질러댄 악악 소리 같고
악악 소리기엔 이음새 소절(紹絶)이 절창이다

한철을 귀에 담고도 질리지 않는
소이는 무엇일까
소리와 소리로 이어지는 자연성
인(凶)과 결(結)을 지녔음일 듯싶다

무위고감

화분이래야 꽃이 피는 것보다
피지 않는 것이 더 많다
어디서나 뿌리하는 공작난초
화분 장식용으로 덤으로 따라왔던
딸기나 나팔꽃 양란이 몇 분

피아노 위나 현관
베란다 등 공간이 있으면 진열한
관상용이라기보다는 대부분이 진열용이다
값나가는 것이 없으니 홀대하기 마련이지만
그런대로 기르려면 부지런을 떨어야 한다

며칠만 외면해도 시들거나
수분 결핍으로 말라들기 마련이다
식물들도 사랑하면 반응한다는 말을 들었다
기르다보면 사랑의 손길도 느낄 줄 알고
건네는 말도 알아 듣는구나 싶을 때가 많다

아침마다 다듬고 정을 나누다 보면
정을 먹고 사는구나를 감지하게 한다

꽃을 주문하면 꽃을 피웠고
열매를 주문하면 한 알이라도 열매했다
무위와의 이런 교감을 나는 사랑한다

하루

빛나라
하루는 온몸에 금비늘을 일으켜 세운
거대한 한 마리 용

종일토록 여의주로 물고 있던
주화 삼아 금비늘을 떨어뜨려 놓고
마감할 땐 회색 허물을 벗어던지고 돌아간다

하루치의 삶을 위해
부지런을 떨던 새의 행방은 모른다
노을을 가로질러 황금조로 날아갔다는 것뿐

잘 보내진 하루에 감사하며
모은 두 손엔 꿈으로 부화한
내일로 태어날 황금란 하나가 쥐어져 있었다

귀뚜라미 변주·1

귀뚜라미는 포식주의자다
밤새 어둠을 갉아먹고
살찐 만월도 갉아먹고
잠못 이루는 청상의 외로움도
갉아먹고
한밤의 무게로 내려 앉는
정적도 갉아먹고
신방의 다디단 밀어도
갉아먹고
새벽녘엔 여명마저 갉아먹고
먹고 먹고 또 먹고
끼르륵 끼르륵 포만을 트림으로
토해내는
귀뚜라미는 건위의 포식주의자다

귀뚜라미 변주·2

전신(前身)이 등화가친 벗하던
포의한사(布衣寒士)나 아니었을지

아니면 낮에는 밭 갈고
밤에는 글을 읽는 주경야독의
처사나 아니었을지
새벽녘까지 글 읽는 소리 낭랑하다

두보는 실솔낭미세 충명가동인
하잘것없는 귀뚜라미 울음이
어찌하여 사람을 감동시키는가 했데만
듣기에 따라서, 음미하기에 따라선
눈으론 잘 보고 입으론 잘 읽고 마음으론
잘 이해하는
심도(心到)·안도(眼到)·구도(口到)의
독서삼도(讀書三到) 같기도 하고

끼륵 끼르륵
끼르륵 끼륵 트림까지 곁들인 것을 보면
어떤 책은 맛보고

어떤 책은 삼키고
또 어떤 책은 잘 씹어 소화하는
숙독상미(熟讀詳味)일 듯도 싶어서

귀뚜라미 변주·3

풍만한 만월의 허리
밤새워 갉아먹고 살찐 귀또리
왕성한 식욕으로
밤마다 이를 갈아 세우더니

갉아먹혀 허리 휜
할머니가 돼버린 하현은 싫어
몰래 청상의 외로움마저
갉아먹고 포식하더니

새벽녘이면
끼르륵 끼르륵 토해내는 트림이
약국에는 없는
만복의 소화제였던 것을

귀뚜라미 변주 · 4

귀또리는 밤손님이다
몰래 야음 타고 들어갔다가
눈요기감이라도 발견되면
훔쳐보고 또 훔쳐보고 킬킬킬
부끄러움으로 토해놓고
먹잇감은 갉아먹고 또 갉아먹다
끼룩끼룩 만복의 트림으로 뱉어놓고
달빛에 들키기라도 하면 이내 섬돌 밑에 숨어
끼르륵 끼르륵 자장가 삼아 곯아떨어진다

새벽녘께 보채다 잠못이룬
청상의 외로움이라도 만나면
포식감 1호 왕성한 식욕으로 배를 채운다
막간 달빛에 알몸이라도 드러나면
귀뚫어 귀뚫어 눈요기에 귀동냥까지
가을 내내 호시절
행여 들킬세라 갉아먹다 남은 새벽 여명
발길질하며 몰래 현관을 빠져나가는
귀또리는 밤손님이다

귀뚜라미 변주·5

밤새내
귀똘귀똘 이를 갈아세운
왕성한 귀또리의 식욕에
삼경까지 배를 갉아먹힌
만월은
배는 없어지고 굽은 허리만 남았다

이리 뒤척 저리 뒤척
포만을 이기지 못해
밤잠을 설친 귀또리는
새벽녘께엔
끼르륵 끼르륵 트림질을 해대며
건위를 과시했다

제3부

추감(秋感)

추억

최고의 미
최고의 선
최고의 진

최고만이 찍을 수 있는
방점
추억

일요일 · 1

죄었던 모든
나사가 풀려버린 해체
무한 자유

일요일 · 2

1주일의 긴장으로 감겼던
태엽이 풀리자
땡땡땡
시간의 바퀴로 굴러가 버린
권태

모기

엥~
여름밤이면 귀에 익은
단음절이다

주석을 달기에 따라서는
공격을 알리는 사이렌 소리도 같고
선전포고 같기도 한

뒤에서 가한 폭력보다는
도전장을 던진 정면승부가
더 당당하다

한방울의 피를 얻기 위해 감행한
필사의 공격
모기에게 피는 생명 자체이고 구원이다

소이로 피는 모기의 종교이고 신앙이며
피에 죽고 피에 사는 신앙의 실천이자
구원을 위한 순교이다

포방골 소묘·1

옛날엔 대포소리 살울림으로 감겼다는
포방골은
도심 근교의 외인촌처럼 조용했다
가을 사색에라도 잠긴 듯
소조함에 잠이라도 들었는지
정적 자체였다

한아 한 쌍이 부리를 모아
까악까악 쪼아댔으나
정적은 꿈쩍도 하지 않았다
다만 숲에서 흘러나오는 새소리가
냇물에 실려 떠내려갈 뿐
여름 하늘에 원을 그렸던 솔개는 보이지 않았다

산자락 남향집 뜰에 서 있는 감나무가
발그레한 얼굴을 내밀고
멍들 듯 독이 오른 숲의 가지에선
노리끼한 계절이 감지됐다
배경으로 서 있는 향로봉 이마에 불그레한
노을이 감겨 나그네의 발길을 돌리게 했다

포방골 소묘·2

포방골은
홍제천이 인왕의 꼬리를 잘라낸
천변 능선 자락을 깎아 터전 삼은
6.25 피난민들이 모여살던 곳이다

조선조 인조 때는
대포 사격장이라 해서 포방촌
포방골이라 했고
지금은 달동네 때를 벗고 어엿한 마을로 산다

등에는 멀리 향로봉이 내려다보고
앞으로는 홍제천이 굽돌이로 흐르고 있어
백로·재두루미·오리 가족들 살고 있는
천변 풍광이 살만하다

한운야학(閑雲野鶴)이라 했던가
학 대신 왜가리 두루미 높이 날고
향로봉 노을 구름이 끌고가면
한운야학 아니던가

무거운 정적에 눌려있는 마을에도
지나가는 낯선 길손 있는지
멍멍 짖는 메아리로 감기는
개짖는 소리가 되레 한가롭다

나그네도
낯선 마을을 지나가며
옮기는 발길에 차인 노을을 개울이 싣고가는
냇길을 따라 귀로를 서두른다

홍제천 소묘·1

구름 한 점 없는 향로봉엔
한운 대신 지나가는 가을이
앉아 쉬고 있었다

세검정을 돌아 흘러가는 홍제천 포방골엔
비둘기 떼 사라지고 까마귀 떼가
영역표시라도 하듯 먹물을 토해냈다

천면은 잘 닦아놓은 거울같이 맑았고
재두루미가 제 그림자에 취해
말뚝이 박히듯 제자리에 서 있었다

천변엔 옛날 뽕나무밭이 있었는지
강물에 떠내려온 상목들이 거목이 되어
강변을 그늘의 터널로 만들었다

냇물엔 천변의 산자락들이
그림자를 드리워
한 폭의 산수화를 펼쳐놓은 듯했고

그림 속으로 늙은 과객 하나가
지팡이 대신 뒷짐을 지고
유속과 상관없이 느릿한 행보가 점잖았다

홍제천 소묘·2

옛 자하문 밖엔
상전(桑田)이 있었던 듯싶다
홍수에 쓸려 유목으로 흘러 내려오다
굽어 도는 어귀에 착근한 뽕나무들이
아름드리로 서서 살찐 그늘을 드리우고 있다

천변로엔 그늘을
물거울엔 그림자를 드리운 어울림이
세검정 산세와 어울려 한 폭의
동양화를 연상하게 하고 때맞춰 나는
백로 한 마리가 그림의 격을 높여준다

그림 속을 걷듯
유모차를 끌고가는 아낙과
애완견을 끌고 나들이 나온 중년의 여인과
등허리가 굽은 늙수그레한 노인의 행보엔
서두름 없는 한가가 동행이다

텃새가 되어버린 재두루미 한 마리가
맑은 수면 거울 삼아 제 모습을 굽어보는

먼 고향에의 향수인지
스스로의 나르소시스에 빠져 있다
늙은 과객의 뒷짐에 노을이 업힌다

?로 찍고 갈 수 있을 듯싶어서

할 수 있는 일 있어
매달릴 수 있고 즐기며 보내는 하루
노을 마주하며 하루치의 보람으로 가슴하면
잘 보내진 하루와 함께 하는
안분지족 아니던가

알아줘도 그만
알아주지 않아도 그만
스스로의 충실로 최선을 다했다면
더 바라 무얼하며
바란다고 내 차지나 되던가

주어진 만큼을 분수로 알고
분수 밖의 것 버릴 줄 아는 일
물러섬이 아닌 스스로의 자진 회귀
축소지향도 분수껏 삶을 터득한
삶의 지혜 아니던가

버릴 것을 버릴 줄 알았을 때
비움이 곧 채움이라는 이치도 터득되는 법

있고 없음을 넘어섬이
가없음에 가닿음 아닐지
높이나 깊이 넓이 아닌 무량으로 계량되는

허무가 또한 그러할 듯
한 생을 퍼내고 되질해 소비해버렸을 때
무가 유가 되는 소이
비록 터득하지 못했지만 못해도
삶의 의미 ?으로 찍고 갈 수 있을 듯싶어서

무위 번역

벚꽃이 높은 가지 골라 피는 소이를 아시는가
산수유가 망울망울 낀 눈곱 뜯어내지 못하고
춘곤증에 곯아떨어진 소이를 아시는가
장미가 줄기마다 독가시 세워 찌를레 찌를레
접근을 경계하는 소이를 아시는가

벚꽃 높은 가지는 꺾어감을 피하기 위함이고
산수유 마음 놓고 춘곤증에 곯아떨어짐은
꺾일 일 없으니 안심하고 잠듦이고
장미 가시 세워 접근 경계함은
꺾이기를 거부하는 자아방어기전이다

꽃도 열매도 거두지 못한 가지지만
양지녘으로 뻗은 소이
빽빽이 들어찬 수림 틈새 뚫고 높이 솟아
햇볕 수혈하려는 직립 향일성은
자연도 자아방어기전을 지녔음이다

공원은 자연이 펼친
한 페이지의 무위

무위 교과서 삼아
자연의 천리를 배운다
배워 번역해 본다

자연에서 배운다

아프도록 펄럭이는
태극기 폭이 북을 향했다
바람이 남에서 불어오는
봄바람이란 뜻이다

벚나무 가지도
남으로 향한 것이 먼저 벙글었다
북녘의 가지들은
꽃가지 구실을 제대로 하지 못했다

같은 꽃나무도
남향 볕을 고루받은 것들은
먼저 개화했고
북녘 응달의 것들은 늦게 개화했다

사람의 이치라고 다르랴
가문 좋은 세도가 자식들은
제자리 찾는 데도 먼저였고
가난한 집 자식들은 늘 차지가 늦었다

자연의 이치나
인간의 이치가 다르지 않음이다
같고 다름의 이치를
불간지서 신이 쓴 자연을 책 삼아 배운다

공원 나들이

공원에 들어서자
두 교향악이 높은음자리표
발성 연습을 하고 있었다

하나는 제녀(齊女)들이
장마의 꼬리를 잘라내며 질러대는
강철음 기계톱날 소리였고

다른 하나는
여름 마무리인지 가을 단장인지
제초기 톱날이 질러대는 악악음이었다

그늘 벗해 조용히 쉬고 싶었던 길손은
두 기계 톱날음에 기분이 잘려나간 채
그늘 변두리를 서성대다 돌아서야만 했다

잠시 발걸음을 세운 전화벨이 울렸으나
안부전화였고
안부전화 동행 삼아 터벅터벅 고갯길을 넘었다

추감(秋感)·1

한낮의 열독엔
이마의 땀을 훔쳐야 하지만
아침저녁 서늘기에는
무위의 법도가 들어 있어 감지된다

지난여름을 열옥이라며
삼계(三界) 아닌 사계(四界)
옥(獄) 하나를 더했던 열 옥계(獄界)
무위뿐이던가

인위의 계절에도 복당이란 옥 있어
세상 호령하던 위인들이 주인이 되고
주인이 되어 염제의 심술 못지않게
염라대왕 허세를 버리지 못하고 있다

삽상한 바람으로 절여졌던
육신의 간기를 말리며
열옥의 계절에 정신마저 잃을 뻔했던
영혼의 부활을 조심스레 이마로 맞아본다

추감(秋感) · 2

안부 전화에도 물기 가시고
고슬고슬하다
더위에 물렸던 발음들이
삽상기를 회복했다

열독의 열옥을
잘 참아냈음이리라
이마마다 훔쳐낸 땀방울들이
알알이 익어가고 있음이리라

가을 기미라 했던가
처서와 추분 사이에 놓인
백로가 내일이니
무위의 법도란 어긋남이 없다

홍제천 가숙지 삼아 날아온
한 마리 해오라기
날개엔 가을이 업혀 있고
발엔 세월로 내가 감겨 흐른다

한운야학(閑雲野鶴)을
한나절 한가로 대신해 본다
가슴에 감겨오는
추감(秋感) 한 자락

추감(秋感) · 3

추감은 빗나갔다
아침 저녁 서늘기를 초추로 여겼더니
공원의 하오는 상하(常夏)와는 달랐으니
열기도 독기도 남아있었다

제녀(齊女)들 돌아감으로 보아
열옥은 면한 셈
풀숲의 귀또리 울음은 석양 때문은 아닐 듯
내 예감과는 달리 가을을 읽고 있었다

안산자락 능선 너머로
두어 뼘쯤 남아있는 일몰은
능선 미끄럼틀 삼아
낙법연습이라도 하듯 급하강했다

노을녘 때문일까
먼발치의 압각수 잎들이 노리끼하다
순수의 순도 때문이리라
계절의 순환감각을 어찌 내 추감에 견주랴

노을길 걷고 싶어 엉덩이를 털고 일어섰다
방언 추감이 아닌 실감을 발길질하며
돌아서는 귀로엔
노을이 좌측 어깨에 업혀 동행했다

추감(秋感)·4

인삿말이 바뀌었다
"더워 못 살겠다"에서 "살 것 같다"로
그래선가
열독 가신 이마에는
인왕이 다가와 산그늘을 드리우고
아미 저쪽으로 열린 시계엔
떠도는 구름도 한가롭다

한운야학이라 했던가
그런 호사까지는 분수밖이고
무심으로 보내던 한운 한 자락에
실어보낸 유심이 싫지 않다
아득함으로 닿을 어디쯤에서 오고 있을
다가오는 추일이 동행하고 올
대추(待秋)가 안겨준 기다림 때문이리라

젖은 간기의 무게로 등에 한 잠서 가신
고실고실한 옷깃의 감촉이 삽상하다
전화 벨소리에도 배었던 눅눅함 가시고
"살 것 같네"로 건네는 목소리도

낭랑하고 맑다
가을은 이렇게 찾아왔고
이렇게 맞았다

침묵과 언어

하루의 8할은 침묵이다
1할은 걸려오는 전화통화이고
나머지 1할은 모놀로그다

사물과 말을 한다는 지인 있어
고개 끄덕였더니
사물과 말을 하는 것이 아닌 사물 자체가 언어였다

침묵이란 게 발성을 하지 않을 뿐
사고와도 말하고
그리움과도 기쁨·슬픔과도 말을 한다

뿐인가
희망과도 절망과도 말하고
덕과 지혜와도 말을 한다

짧은 말에 되레 많은 지혜가
감춰졌다 했던가
짧음마저 생략해버리면 지혜 자체가 된다

침묵을 참된 지혜의 최상의 응답 했던데
침묵이 떠드는 것보다 웅변이 되는 소이이고
떠드는 말의 8할이 헛소리인 소이가 그러하다

한진(汗疹)

열독의 열옥에 창궐한
염병보다 젠체하는 체병보다
수술을 요하는 암이나 뇌졸중보다
더 무서운 처방전이 없는
지랄병 후유증

이마에 박힌 한진(汗疹)은
땀을 사랑할 줄 아는 이만이
결실로 영글게 할 수 있는
발진 아닌 귀한 보석
가을을 거둘 수 있게 하는

땀 흘리지 않고 거둘 수 있는
결실도 있던가
고교 때 은사님이 부채에 써 넣었던
'부채는 부지런한 이의 벗'이란 글귀가
여직도 가슴에 새겨져 있다

천재를 만드는 것은 1%의 영감과
99%의 땀이란 명언을

굳이 내세울 필요는 없다
땀띠란 게 부지런한 이만이 보석으로 이마에
박을 수 있는 반짝이는 다이아이기 때문이다

한일한가(閒日閒暇)

한가(閒暇)를 풀이하면
겨를과 틈새가 된다
할 일 없이 쉼도 되고
할 일 접고 쉼도 되고
쉴 틈도 되어 잠정적 휴식이 된다

문제는 틈새다
틈이란 벌어지기 마련이고
벌어지면 끼어드는 것이
있기 또한 마련이다
문제는 끼어드는 것

옛분들에 따르면
유익한 일을 하기 위한 시간도 되고
어떤 번뇌를 일으키기 위해
찾아오는 사탄에게
틈을 내어줌도 된다

그런가 하면
번거로움으로부터 벗어나는 틈새로 쓰면

유유자적도 되고
한운야학(閑雲野鶴)도 되어
스스로를 신선의 반열에 올려놓게도 한다

소리

생명 있는 모든 것은 소리한다
생명 자체가 언어이기 때문이다
다만 해독이나 번역
통역이나 주석이 다를 뿐이다

동물의 소리를 울음이나 노래로 듣는 것은
노래건 울음이건이 소리이고
소리가 언어이기 때문이다
새소리, 매미소리, 귀또리 소리도 다르지 않다

식물의 소리도 그러하다
나무나 풀도 바람을 매체로 소리하고
꽃도 빛깔이나 향으로 소리하고
소리는 언어가 된다

사람도 다르지 않다
말씀이나 말소리로 말한다
다만 말 없는 군자와 말 많은 소인배는
정언(正言) 양언(佯言)으로 달리할 뿐이다

대체로 물건은 그 상태가 평정을 얻지 못하면
소리한다(大凡物不得其平則鳴)는 한퇴지의 말
헛소리·잠꼬대·꿈꼬대·술꼬대도
그러할 듯싶어서다

부끄러움

단풍은 가을의 표정
꽃잎으로 피워보지 못한 부끄러움으로
붉힌 얼굴이다

흡사, 담쟁이가 창틀까지 기어올랐다가
창틈으로 보아서는 안 될 것을 들여다보고
붉힌 얼굴과 같다

물든 잎새 하나에서도 읽히게 하는
때 묻지 않는 순도 120%의
순수만이 붉힐 수 있는 표정을

어찌하여 인간은 붉히지 못하는 것일까
부끄러움이 도태되어 버렸거나
퇴화돼버린 시대

한출첨배인들 남아 있겠는가
남아 있어 순수의 무위로 등 적실
그런 붉힌 얼굴이 그리웁다

시간

분침과 초침은 콤파스가 되어
종일 가랑이 사이로 시간을 분만했으나
어떤 놈은 땡땡이가 되어 굴러가 버렸고
어떤 놈은 동그라미로 얼굴만 내밀었을 뿐
몸통은 존재하지 않았다

시침은 느릿느릿 시체가 된 시간을
시간 밖 13시를 공동묘지 삼아 실어냈고
하루는 시간의 공원묘지가 되어
풍장으로 영혼을 날려보내며 차례대로
벨트에 말려 마멸된 시간의 유형은 연속성이었다

벽에 목이 매달린 채 교살된 시계가
시간을 분만할 때마다 비눗방울처럼
동그라미가 된 시간은 무한을 향해 날아갔고
유한의 밧줄에 목이 매인 목숨들은
주어진 만큼의 시간을 살다 영원으로 돌아갔다

교도집

2025년 11월 5일 인쇄
2025년 11월 15일 발행

지은이 / 박진환
발행인 / 박진환
펴낸곳 / 조선문학사
등록번호 / 1-2733
주소 / 03730 서울 서대문구 통일로 389(홍제동)
대표전화 / 02-730-2255
팩스 / 02-723-9373
E-mail / chosunmh2@daum.net

ISBN 979-11-6354-413-5

정가 10,000원

* 인지는 저자와 합의 하에 생략
* 잘못된 책은 서점에서 교환해 드립니다.